LES TEMPÊTES

Texte de **Jenny Wood**

Traduit de l'anglais par Ghislaine Raby

Scholastic Canada Ltd.
123, Newkirk Road, Richmond Hill (Ontario) Canada

Les Tempêtes

Donnés de catalogage avant publication (Canada)
Wood, Jenny
    Les tempêtes

Traduction de: Storms
ISBN 0-590-73561-6

1. Tempêtes - Ouvrages pour la jeunesse. 1. Titre.

QC941.3.W6614 1993   j551.55   C92-095276-3

ISBN 0-590-73561-6

Titre original : Storms

Édition originale publiée par Two-Can Publishing Ltd, Londres, 1990
Exclusivité au Canada et aux États-Unis: Scholastic Canada Ltd.,
123, Newkirk Road, Richmond Hill (Ontario) L4C 3G5,

432   Imprimé à Hong-Kong   2 3 4/9

Crédits photographiques
p.5 Tony Stone Associates Ltd; p.6 Robert Harding Picture Library; p.7 (en haut) Zefa, (en bas) The Meteorological Office/ETH Zurich; p.9 (insertion) Science Photo Library, Bruce Coleman; p.10 Zefa; p.10-11 Explorer; p.11 Tony Stone Associates Ltd; p.12 (insertion) GeoScience Features Picture Library; p.12-13 Zefa; p.14 Topham Picture Source; p.15 (en haut) Rex Features, (en bas) Science Photo Library; p.16-17 Survival Anglia Photo Library; p.17 (insertion) The Hutchinson Library; p.18 The Meteorological Office/Colin Crane; p.22 Science Photo Library; p.23 (en haut) Topham Picture Source, (en bas) The Telegraph Colour Library; photo de la couverture (devant) Zefa; photo de la couverture (au dos) Robert Harding Picture Library.

Crédits des illustrations
p.4, 5, 8, 11, 13, 14, 18, 19, 20, 21, 22 Francis Mosley; p.24-28 Linden Artists/Francis Phillipps.

TABLE DES MATIÈRES

QU'EST-CE QU'UNE TEMPÊTE?

Les éclairs, les violents coups de tonnerre, les pluies torrentielles, le mugissement du vent et les chutes de neige abondantes sont des manifestations que le mot «tempête» évoque sans doute à votre esprit! Une tempête est une période de mauvais temps, où le vent souffle en violentes rafales. Elle est souvent accompagnée de pluie, de grêle, de neige, de tonnerre et d'éclairs ou d'un mélange de ces éléments.

Le temps est le résultat de changements dans la fine couche d'air, appelée **atmosphère**, qui entoure le globe. Les déplacements d'air chaud et d'air froid et les changements du degré d'humidité dans l'air signifient un temps chaud ou froid, sec ou humide, calme ou agité par le vent.

Parfois, d'énormes masses d'air s'installent au-dessus de la mer ou des terres. Ces **masses d'air** deviennent chaudes, froides, sèches ou humides, suivant la nature de la mer ou des terres. Elles apportent parfois des journées et même des semaines de temps invariable.

Lorsque ces masses d'air se déplacent, les difficultés surgissent! Les différentes masses d'air ne se mélangent pas, et il suffit que le bord ou le **front** d'une masse d'air chaud rencontre celui d'une masse d'air froid, ou vice versa, pour provoquer des tempêtes.

▶ De sombres nuages orageux se rassemblent au coucher du soleil.

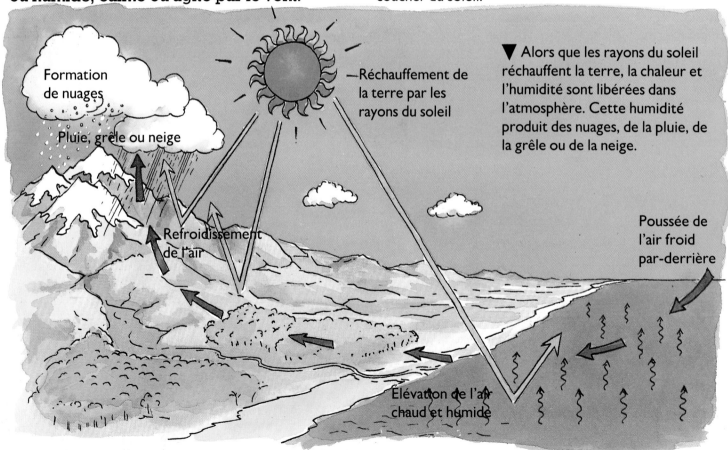

Formation de nuages

Pluie, grêle ou neige

—Réchauffement de la terre par les rayons du soleil

Refroidissement de l'air

▼ Alors que les rayons du soleil réchauffent la terre, la chaleur et l'humidité sont libérées dans l'atmosphère. Cette humidité produit des nuages, de la pluie, de la grêle ou de la neige.

Poussée de l'air froid par-derrière

Élévation de l'air chaud et humide

Quand des masses d'air chaud et d'air froid se rencontrent,
des nuages se forment le long de chaque front et donnent lieu
à de violentes tempêtes.

LES PLUIES ET LES AVERSES DE GRÊLE

Les gouttes de pluie se forment quand les minuscules gouttelettes d'eau d'un nuage se rassemblent ou quand les cristaux de glace d'un nuage fondent. Quand les gouttes de pluie deviennent trop grosses et trop lourdes pour demeurer en suspension dans l'air, elles se mettent à tomber du nuage. Plus les gouttes sont grosses, plus elles tombent rapidement.

Les grêlons se forment à peu près de la même manière que les gouttes de pluie, mais ils ne tombent que des nuages appelés **cumulo-nimbus**. L'intérieur d'un cumulo-nimbus est très froid et les grêlons apparaissent d'abord sous forme de particules de glace. En s'éparpillant à l'intérieur du nuage, ces particules absorbent les gouttelettes d'eau, qui se congèlent en couches successives, comme un oignon. On a trouvé jusqu'à 25 couches dans un seul grêlon!

LE SAVIEZ-VOUS?

● La plupart des grêlons ont la taille d'un petit pois, mais le plus gros grêlon jamais signalé avait la taille d'un melon et pesait 758 g. Il est tombé à Coffeyville, Kansas, aux États-Unis, le 3 septembre 1970.

● L'endroit le plus aride du monde est la ville désertique d'Arica, au Chili. Il n'y tombe que 0,76 mm de pluie chaque année!

● La région la plus arrosée du monde est le Mont Wai-'ale-'ale, à Hawaï. Il y pleut 335 jours par année!

◀ Les trombes d'eau, ou pluies torrentielles, sont de courte durée et n'arrosent que de petites régions. Elles sont souvent accompagnées de tonnerre et peuvent produire des **crues subites**; les rivières se transforment alors en torrents.

▶ Cette coupe transversale d'un grêlon illustre les nombreuses couches de glace.

▲ Les rayons lumineux voyagent en ligne droite, mais quand le soleil brille à travers les gouttes de pluie, les rayons se courbent légèrement. La lumière blanche se compose, en fait, de sept lumières de couleurs différentes et chacune se courbe d'une manière distincte. Ainsi, la lumière se divise en rouge, orange, jaune, vert, bleu, indigo et violet. C'est ainsi que se forme l'arc-en-ciel.

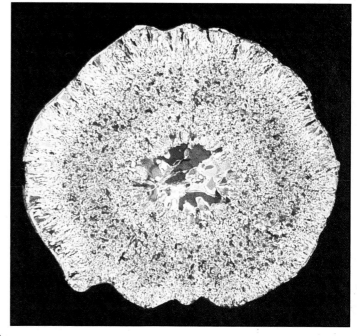

LE TONNERRE ET LES ÉCLAIRS

La plupart des orages se produisent en été, lorsque l'air est chaud et humide. En s'élevant, l'air se refroidit et l'humidité qu'il contient forme d'énormes nuages orageux gris-noir.

Des courants d'air qui se déplacent rapidement à l'intérieur de chaque nuage orageux entraînent l'accumulation de charges électriques. À la longue, l'électricité est libérée des nuages sous forme d'étincelles géantes que nous appelons éclairs.

Quand un éclair quitte un nuage, il zigzague jusqu'au sol. Ensuite, il remonte en vitesse à son point de départ, en suivant la même trajectoire. C'est la lumière brillante de cette **course retour** que nous apercevons.

Ces courses retour voyagent approximativement à la vitesse de la lumière. Elles déchargent environ 100 millions de volts et chauffent l'air qu'elles traversent à plus de 33 000° C. L'air chauffé se dilate rapidement et se heurte à de l'air froid, produisant des ondes sonores appelées tonnerre.

Les éclairs se produisent lorsque des charges électriques distinctes, positives et négatives, se rencontrent. En plus de zigzaguer jusqu'au sol, l'éclair peut se produire à l'intérieur d'un nuage ou entre des nuages.

LE SAVIEZ-VOUS?

● Vous pouvez calculer la distance d'un orage. Il faut compter 2 km pour chaque intervalle de 5 secondes entre l'éclair et le tonnerre.

● Autrefois, les gens croyaient que le tonnerre et les éclairs étaient des manifestations de la colère des dieux. Ils pensaient que Thor, le dieu scandinave du tonnerre, parcourait le ciel à toute vitesse sur son chariot et préparait des tempêtes en soufflant dans sa barbe.

● À travers le globe, il y a environ 16 millions d'orages chaque année et 100 éclairs chaque seconde.

▶ Les nuages orageux s'étendent souvent sur plusieurs milliers de mètres dans l'atmosphère. Les courants d'air, qui se déplacent rapidement à l'intérieur de ces nuages, peuvent retenir de très grosses gouttes de pluie, et c'est pourquoi les nuages orageux produisent souvent des pluies torrentielles.

▲ Le tonnerre et les éclairs se produisent en même temps, mais comme la lumière voyage plus vite que le son, nous voyons les éclairs avant d'entendre le tonnerre.

LES TEMPÊTES DE NEIGE

Quand les gouttelettes d'eau se congèlent sur les particules de glace dans un nuage, les particules grossissent et se transforment en cristaux de glace. En tombant dans le nuage, ils se heurtent à d'autres cristaux de glace et se transforment en flocons de neige.

Lorsque les flocons de neige sont assez gros et lourds, ils se mettent à tomber du nuage. Si l'air est plus chaud, ils fondent et tombent sous forme de pluie. Toutefois, si l'air est froid, ils tombent sous forme de neige. La neige peut vite causer des problèmes au sol. Une chute de neige de 10 cm seulement suffit à bloquer les routes!

On appelle blizzard une tempête de neige très violente. Les blizzards se produisent quand les chutes de neige s'accompagnent de vents violents, qui entraînent la neige en un nuage blanc tourbillonnant et l'entassent en amas, appelés congères. Dans ces conditions, la visibilité est mauvaise et les températures près de 0° C rendent la vie très difficile.

Pour dégager les routes après les fortes tempêtes de neige, on utilise des machines

▲ La plupart des cristaux de glace ont six faces. Bien que des millions tombent sur la terre, il n'y en a pas deux pareils. Des conditions climatiques différentes produisent des cristaux de formes différentes. Ceux qui ont la forme d'aiguilles et de bâtonnets se développent quand l'air est froid. Les formes plus complexes apparaissent lorsque l'air est plus chaud.

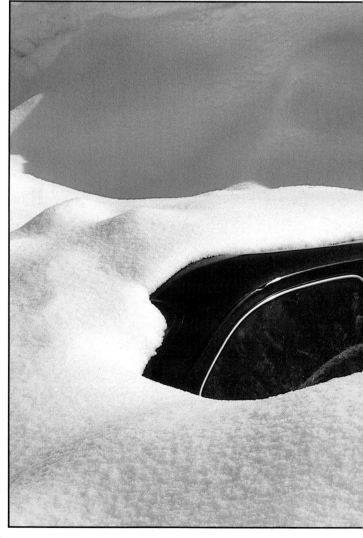

▲ Lorsqu'il neige abondamment, les animaux ont souvent du mal à trouver de la nourriture. Les fermiers doivent parfois leur apporter des balles de foin dans les champs.

appelées chasse-neige et souffleuses; malgré ces appareils, il est souvent difficile de dégager les épaisses couches de neige dans les régions éloignées. Les habitants risquent d'être bloqués pendant des jours et même des semaines. Dans les grandes villes également, la vie quotidienne peut être perturbée par les chutes de neige abondantes.

La neige a aussi son utilité. C'est une source d'eau importante. Lors de la fonte des neiges en montagne, elle alimente les ruisseaux, les centrales **hydro-électriques** et les **réservoirs**. Elle aide aussi à protéger les plantes et les animaux qui hibernent de l'air froid hivernal.

LES TEMPÊTES EN MER

La mer est constamment en mouvement, car l'air ambiant n'est jamais calme. Le vent produit des ondulations et des vagues à la surface de la mer. Plus le vent est fort, plus les vagues sont grosses, et des vents très violents peuvent balayer la surface de la mer et produire une effroyable masse de pluie fine. Les vagues créées par les tempêtes sont puissantes et peuvent atteindre 12 m en haute mer. Elles peuvent emporter d'énormes rochers et les projeter loin sur le rivage. Elles peuvent même précipiter de gros bateaux contre les rochers et les fracasser.

▼ Sur la mer, les tempêtes peuvent causer de graves problèmes aux bateaux.

Les plus grosses vagues sont appelées **tsunamis** (mot japonais qui signifie vagues d'orage). Elles ne sont pas causées par le vent, mais par des explosions volcaniques sous-marines ou des tremblements de terre, qui entraînent une élévation et une baisse des fonds marins. Les tsunamis voyagent rapidement, jusqu'à 800 km à l'heure. Là où la mer est moins profonde, ils ralentissent mais deviennent plus hauts. Un tsunami peut former une barrière d'eau de plus de 24 m de haut, lorsqu'il s'approche des eaux moins profondes, près du rivage. Si le tsunami arrive sur les régions côtières, il peut les submerger et causer de terribles ravages.

Le vent forme les vagues en haute mer. Il pousse les particules d'eau qui tourbillonnent. Près de la côte, où l'eau est peu profonde, le fond de la mer gêne les mouvements de l'eau. La crête de la vague se brise alors sur la plage.

LES OURAGANS, LES TYPHONS ET LES CYCLONES

Les tempêtes violentes et tourbillonnantes, qui débutent dans les mers chaudes, portent des noms différents selon les parties du monde où elles se produisent. Dans la mer des Caraïbes, on les appelle **ouragans**, dans les mers de Chine, **typhons**, et dans l'océan Indien, **cyclones**. Les nuages orageux, les pluies et les vents mugissants de plus de 300 km à l'heure traversent le ciel, agitant d'énormes vagues à la surface de la mer.

Quand l'une de ces tempêtes tropicales se déplace vers les terres, des vents forts et des pluies torrentielles s'abattent sur la région pendant plusieurs heures. Les champs, et même les villes, peuvent être inondés, les arbres et les récoltes déracinés et les immeubles détruits. Parfois, plusieurs personnes sont tuées. Peu à peu, la tempête s'apaise et finit par disparaître complètement.

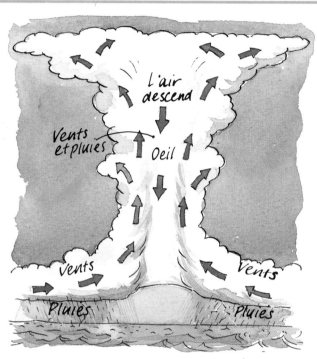

La plupart des tempêtes tropicales se produisent en été, quand les mers et l'air ambiant atteignent leurs températures les plus chaudes. Comme la mer réchauffe l'air, un courant d'air chaud et humide s'élève au-dessus de l'eau. Les vents se précipitent sous ce courant d'air et s'élèvent en tourbillonnant. En montant, ils se refroidissent, et les énormes quantités de vapeur d'eau qu'ils contiennent forment des nuages imposants. Au centre du cyclone se trouve une zone calme qu'on appelle l'**œil**. La zone entourant immédiatement l'œil est soumise à des vents et des pluies des plus violents. Dans l'œil, bien que l'air soit plus chaud que dans le reste du cyclone, il ne s'élève pas. Au contraire, il descend lentement vers la surface de la mer.

◀ Les vents furieux d'un cyclone tropical sont responsables de l'écrasement de cet avion dans une région inondée par les pluies abondantes.

▲ Des palmiers battus par les vents d'un cyclone tropical qui approche.

▼ Cette photographie, prise de la navette spatiale américaine *Discovery*, montre les nuages tourbillonnants d'un ouragan. Au coeur de l'ouragan, vous pouvez voir la zone calme de l'œil.

LES TEMPÊTES DE SABLE ET DE POUSSIÈRE

Le vent soufflant sur une région sableuse, comme le désert ou le lit d'une rivière à sec, ramasse le sable et le balaie dans l'air, formant ainsi une tempête de sable. Le sable s'élève jusqu'à une hauteur de 51 cm, bien que quelques grains puissent s'élever à 2 m. Au cours d'une tempête de sable, le sable semble sauter, alors que les grains s'entrechoquent et rebondissent dans l'air.

Les tempêtes de sable présentent un danger pour ceux qui voyagent dans le désert. Les nuages de sable peuvent bloquer les machines et réduire la visibilité. Ils peuvent aussi endommager les cultures.

Certains animaux du désert ont une manière particulière de se protéger des tempêtes de sable. Le chameau, par exemple, ferme ses naseaux et possède deux rangées de cils qui empêchent le sable de pénétrer dans les yeux.

◀ Les tempêtes de poussière se produisent quand le sol est très sec ou a été mal cultivé, entraînant une terre dénudée, sans végétation pour la protéger. Des milliers de tonnes de sol poussiéreux sont balayées dans les airs par les vents violents, qui les poussent au loin. Les tempêtes de poussière contribuent à l'**érosion des sols** et peuvent dépouiller une vaste région de sa couche fertile.

LES TORNADES

Une **tornade** est un violent tourbillon qui se forme dans l'atmosphère et s'accompagne souvent de pluies torrentielles, de tonnerre et d'éclairs. Elle ressemble à un nuage en forme d'entonnoir qui part de la base d'un cumulo-nimbus. Les tornades se forment dans l'air chaud et humide, lors de l'affrontement de vents de directions opposées. Une colonne tourbillonnante d'air chaud se forme et tournoie à une vitesse vertigineuse, en s'étirant entre le nuage et le sol.

Comme la colonne tourbillonnante de la tornade s'avance à toute allure vers le sol, à des vitesses dépassant 97 km à l'heure, le courant d'air ascendant de son centre aspire et détruit tout ce qui se trouve sur son passage.

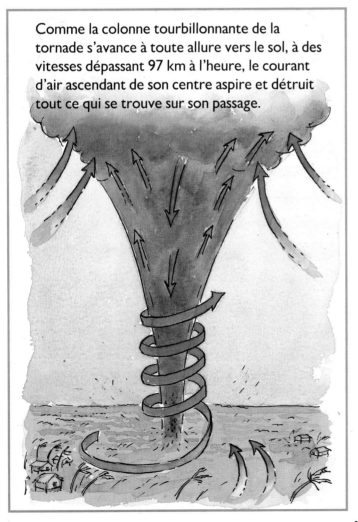

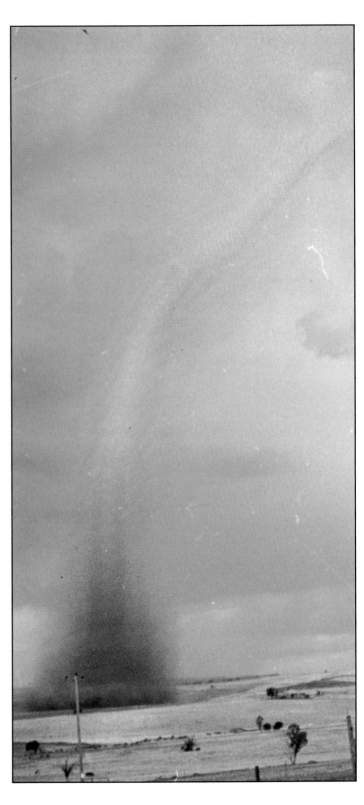

▲ Les tornades sont les vents les plus destructeurs qui se produisent sur notre planète. Elles sont très courantes aux États-Unis.

LA FABRICATION D'UNE STATION MÉTÉOROLOGIQUE

En mesurant et en enregistrant les variations du temps, vous pouvez faire des prévisions météorologiques, comme les scientifiques.

PLUVIOMÈTRE

Il est facile de mesurer la quantité d'eau de pluie tombée à l'aide d'un **pluviomètre**.

Matériel:
- Un pot ou un bocal en verre, à fond plat
- Un entonnoir en plastique ayant le même diamètre que celui du pot ou du bocal
- Une règle

Mettez l'entonnoir dans le pot. Servez-vous de la règle pour mesurer la quantité d'eau de pluie tombée.

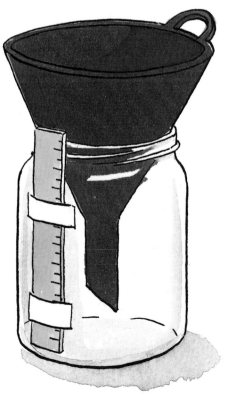

BAROMÈTRE

Un **baromètre** sert à mesurer la pression atmosphérique à la surface de la terre. Une élévation de la pression annonce le beau temps, mais si une baisse de pression se produit, attendez-vous à une tempête!

Matériel:
- Un pot de confitures à large ouverture
- Un ballon
- Une paire de ciseaux
- Une large bande élastique
- Une paille
- Une aiguille
- Du ruban adhésif et de la colle
- Un morceau de carton
- Une règle et un stylo
- De la pâte à modeler

1 Coupez le col du ballon. Étirez le ballon de manière à couvrir l'ouverture du pot. Maintenez le ballon en place à l'aide de la bande élastique.
2 Avec du ruban adhésif, fixez l'aiguille à l'une des extrémités de la paille. Collez l'autre extrémité au centre du ballon.
3 Dessinez une échelle sur le carton.
4 Fixez le carton verticalement sur la pâte à modeler, puis placez-le exactement derrière la pointe de l'aiguille. L'aiguille se déplacera en montant ou en descendant sur l'échelle, en suivant les variations de la pression atmosphérique.

MANCHE À AIR

La manche à air vous permet de déterminer la direction du vent. Elle vous donnera également une idée de la vitesse du vent.

Matériel:
- Un morceau d'étoffe légère de 1 m sur 1 m
- Une paire de ciseaux
- Une aiguille et du fil
- Un cintre en fil de fer
- Un anneau pour rideau
- Un carton épais
- Un crayon feutre (avec encre indélébile)
- Un vieux manche à balai
- Des punaises
- Une canne de jardin, 60 à 70 cm
- De la ficelle solide
- Une boussole

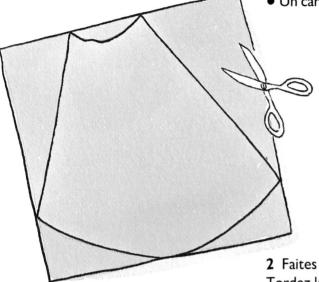

1 Coupez l'étoffe en forme de cône et cousez ensemble les deux bords droits.

2 Faites un cercle avec le cintre. Tordez le crochet jusqu'à ce qu'il forme une petite bague. Glissez l'anneau du rideau sur le cercle en fer, sur le côté opposé du crochet.

3 Pliez le large bord courbé le long du cercle en fer et cousez-le dans cette position. Laissez dépasser le crochet et l'anneau.

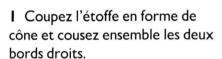

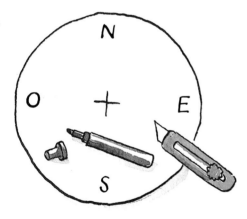

4 Dans le carton, découpez un cercle d'environ 30 cm de diamètre. Faites deux fentes au centre du cercle, suffisamment larges pour permettre au carton d'être retenu fermement au manche à balai. Inscrivez les lettres N, E, S, O sur le bord du cercle, pour servir de points d'orientation.

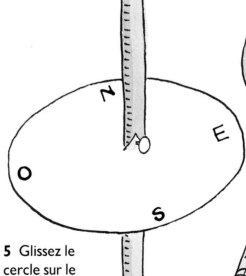

5 Glissez le cercle sur le manche à balai et maintenez-le en place à l'aide de punaises.

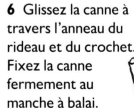

6 Glissez la canne à travers l'anneau du rideau et du crochet. Fixez la canne fermement au manche à balai.

THERMOMÈTRE

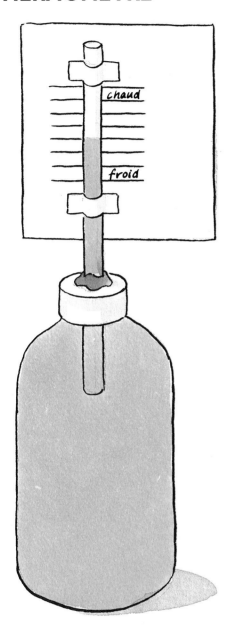

Un **thermomètre** sert à mesurer la température de l'air.

Matériel:
● Une bouteille en verre avec bouchon qui se visse
● De l'eau
● De l'encre de couleur
● Une paille
● De la pâte à modeler
● Un morceau de carton
● Une règle
● Un crayon
● Du ruban adhésif

1 Remplissez la bouteille jusqu'au bord avec de l'eau à laquelle vous aurez ajouté un peu d'encre.
2 Demandez à un adulte de faire un trou dans le bouchon (suffisamment gros pour faire passer la paille).
3 Vissez soigneusement le bouchon et faites passer la paille à travers le trou. Mettez de la pâte à modeler autour de la paille.
4 Dessinez une échelle sur le carton et fixez-le au dos de la paille avec du ruban adhésif.

Quand la température monte ou descend, l'eau colorée s'élève ou s'abaisse dans la paille, vous donnant une idée approximative du réchauffement ou du refroidissement de la température de l'air.

Mise en place
Loin des arbres et des arbustes, creusez un trou dans le sol pour y mettre votre pluviomètre. Votre baromètre fonctionnera à l'intérieur ou à l'extérieur, mais ne le mettez pas au soleil. Attachez la manche à air à un pieu de clôture ou au toit d'un hangar ou d'un garage, à au moins 2 m au-dessus du sol. Éloignez-la de tout arbre ou immeuble qui pourrait empêcher le vent de souffler librement. À l'extérieur, vous devez placer votre thermomètre à l'ombre.

Vérifiez toutes les mesures deux ou trois fois par jour. Notez régulièrement vos résultats sur un carnet.

heure	pression atmosphérique		direction du vent	température	pluie	remarques
	pression	tendance				
			S.O.	en hausse	aucune	matinée nuageuse, pluie à midi, percées de soleil en soirée, temps sec et dégagé
			S.O.	en hausse	5 mm	
8 h	forte moyenne	en baisse stable		en baisse	aucune	
13 h	moyenne	en hausse	O.			

LE DOMAINE DE LA SCIENCE

À chaque heure du jour et de la nuit, les stations météorologiques du monde entier enregistrent les informations et les calculs concernant le temps. Les températures, la direction du vent, la vitesse du vent, les couches nuageuses, les précipitations et la **pression atmosphérique** sont mesurées, et les informations sont transmises au bureau national de météorologie. Là, les scientifiques qui étudient le temps, les **météorologistes**, dressent une carte appelée **carte météorologique**. Chaque station météorologique régionale y est encerclée, et les informations reçues sont inscrites autour, à l'aide de symboles reconnus universellement.

Les ballons-sondes sont lancés dans l'atmosphère. Ils transportent un appareil, appelé **radiosonde**, qui transmet des informations sur la température, l'humidité de l'air et la pression atmosphérique à la surface du globe. À la longue, le ballon éclate, et l'appareil revient sur terre grâce à un parachute.

◄ Les satellites sont particulièrement utiles dans la détection des ouragans au-dessus des océans tropicaux. Les météorologistes sont maintenant capables d'enregistrer la progression d'une tempête.

▼ Certains satellites météorologiques gravitent autour de la terre, se déplaçant d'un pôle à l'autre. D'autres sont stationnés au-dessus de l'équateur. Les caméras de télévision qu'ils transportent balaient la terre et transmettent des signaux à des récepteurs terrestres. Ces signaux peuvent être convertis en images.

Quand la carte météorologique est complétée, les informations sont introduites dans un ordinateur. L'ordinateur imprime ensuite les cartes qui donnent les prévisions sur les variations possibles des conditions atmosphériques dans les prochains jours.

Les appareils de mesure, tels que les ballons-sondes et les satellites, ont permis aux météorologistes de découvrir un grand nombre d'informations sur le temps. Grâce à l'ordinateur, ils peuvent savoir le temps qu'il fait à tout moment, dans toutes les parties du monde. Les prévisions météorologiques sont ainsi plus exactes.

◄ De l'espace, les satellites météorologiques prennent des photographies de la terre. Ces photographies montrent la couche nuageuse qui recouvre différentes parties de la surface terrestre, et permettent aux météorologistes de suivre la progression et le déplacement des systèmes nuageux.

L'OURAGAN DORA

Le père éteignit la radio. «Un ouragan est signalé, leur dit-il. Venez. Vous savez ce qu'il faut faire.»

Il fallut presqu'une heure pour attacher solidement les volets et rentrer le mobilier de jardin. Quand ils eurent fini, le ciel avait commencé à s'assombrir. À l'est, une énorme masse de nuages gris métallique remplissait le ciel, surplombant la mer couleur de boue. L'horizon était sombre, éclairé seulement par la lueur lointaine des éclairs. Le vent avait commencé à se lever, balayant la poussière des rues. Dans le lointain, des portes et des volets mal fermés battaient au vent. L'ouragan Dora s'approchait.

«Tout le monde en bas!» commanda le père. La famille descendit bruyamment dans la cave et s'assit nerveusement dans la pièce obscure. Ils savaient qu'ils n'auraient pas à attendre longtemps.

Vers dix heures, le ciel était noir comme de l'encre. Il n'avait pas encore plu, mais le vent avait commencé à se déchaîner contre les palmiers, les pliant presque en deux. Plus bas, dans la baie, le petit port de pêche disparaissait sous un brouillard épais. Les vagues commençaient à détruire la plage et à déborder sur la route, tout en bas.

Dix minutes plus tard, l'ouragan frappait l'île de toute sa force. Le raz de marée, qui s'était développé sur l'océan, déferlait dans la baie. Dans sa course vers la terre, il s'engouffra entre les rochers de chaque côté de la baie et commença à se lever. Lorsqu'il atteignit la plage, la barrière d'eau dépassait cinq mètres de haut. Rien ne pouvait l'arrêter. Il déferla sur le sable et écrasa les petites maisons de bois, les balayant comme des débris.

Un bateau de pêche fut sorti de la baie, transporté au-dessus de la ville et miraculeusement posé en douceur sur le toit de la caserne de pompiers. Il y resta, coincé entre des poutres entremêlées qui avaient volé en éclats. Un panneau publicitaire aussi grand qu'une maison tourbillonnait dans l'air, comme une carte à jouer.

Le bruit du vent ressemblait au vrombissement d'une douzaine de moteurs d'avion s'emballant tous ensemble. Le vent atteignait deux cent quarante kilomètres à l'heure. Il était suffisamment puissant pour soulever des gens comme s'il s'était agi d'allumettes et de les emporter plus loin. À cette vitesse, il pouvait même abattre le mur d'une maison.

L'ouragan Dora s'acharna sur l'île, déracinant de gros arbres et les retournant comme des fléchettes de papier. Il arracha la terre des champs et la fit tourner en un nuage brunâtre. Puis, il se mit à pleuvoir.

Les gouttes étaient énormes. Le bruit de la pluie faisait penser à quelqu'un qui viderait un flot incessant de graviers sur la maison.

En quelques minutes, le sol était devenu un véritable bourbier. Au sol, le moindre trou était rempli d'eau. L'eau déborda des trous et s'écoula sur les pentes. Les sentiers se transformèrent en ruisseaux et les ruisseaux, en torrents. L'eau défilait à toute allure, essayant d'atteindre la mer. Elle sculptait la terre, arrachant de la boue, des rochers et des arbres. La rivière monta et rompit ses digues en quelques minutes. De l'eau noirâtre recouvra les environs.

La famille, à l'abri dans la cave, se blottissait les uns contre les autres et écoutait la progression de Dora. À l'exception d'une demi-heure de silence inquiétant, quand l'oeil du cyclone passa au-dessus d'eux, le vent et la pluie s'abattirent sur la maison pendant douze heures.

Puis, enfin, l'ouragan Dora disparut. Les membres de la famille, encore ankylosés, grimpèrent les escaliers et sortirent de la maison. Ils suffoquèrent à la vue des ravages. Leur jardin avait disparu. À la place, il y avait un chaos indescriptible d'arbres écrasés, d'automobiles renversées et de morceaux de maisons. Ils se retournèrent et regardèrent leur maison. La peinture rose était couverte de marques laissées par des objets volants. Charlotte montra le toit du doigt. Il ne restait que trois tuiles en place.

Laura courut au fond du jardin et regarda le petit port de pêche plus bas. «Oh non!» dit-elle d'une voix entrecoupée par l'horreur. Tous les autres regardèrent dans la même direction. Il ne restait de toute la ville que la jetée en pierres. Les maisons avaient disparu. Quelques personnes étaient revenues de leurs abris dans les collines et marchaient au hasard, cherchant les restes de leurs habitations.

«Tout sera reconstruit, les rassura le père. Ce n'est pas le premier ouragan qui dévaste l'île et ce ne sera pas le dernier.»

«Oui, ajouta la mère. Et grâce à l'annonce à la radio, personne n'a sans doute été blessé. Tout le monde a eu le temps de se réfugier dans les collines.»

«Allons, dit le père. Nous avons beaucoup de choses à remettre en ordre. Mettons-nous à l'ouvrage.»

Du village, on entendait déjà le bruit des martèlements, car les gens s'étaient mis à construire de nouvelles maisons de bois.

VRAI OU FAUX?

Lesquelles de ces affirmations sont vraies et lesquelles sont fausses? Si vous avez lu ce livre attentivement, vous connaîtrez les réponses.

1 Un arc-en-ciel est un cercle de couleur.

2 On entend toujours le tonnerre avant de voir les éclairs.

3 L'atmosphère est une fine couche d'air qui entoure la terre.

4 Les grêlons tombent de n'importe quel type de nuage.

5 Tsunami est un autre nom donné à une tornade.

6 Les scientifiques qui étudient le temps s'appellent des météorologistes.

7 Une chute de neige de 10 cm suffit à bloquer les routes.

8 Les avalanches sont causées par le mouvement des vagues.

9 Au centre d'un cyclone se trouve une zone calme appelée «oeil».

10 L'endroit le plus sec au monde est le Mont Wai-'ale-'ale, à Hawaï.

11 Les tornades surgissent seulement des nuages appelés cumulo-nimbus.

12 Les vents puissants d'une tempête de poussière peuvent balayer la terre du sol.

13 Un thermomètre sert à mesurer la pression atmosphérique.

LEXIQUE

● **Atmosphère:** mince couche d'air qui entoure la terre.

● **Baromètre:** instrument qui sert à mesurer la pression atmosphérique.

● **Carte météorologique:** sorte de carte du temps. Elle montre les relevés de toutes les stations météorologiques du pays et utilise des nombres codés, des signes et des symboles qui sont connus de tous les météorologistes du monde.

● **Crue subite:** inondation importante qui se produit lorsque les berges des rivières se rompent à la suite de pluies torrentielles.

● **Cumulo-nimbus:** énorme nuage orageux qui apporte de fortes pluies, de la neige ou de la grêle. Le cumulo-nimbus s'étend à haute altitude dans l'atmosphère et sa tête est formée de cristaux de glace.

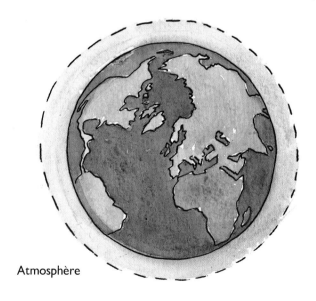

Atmosphère

● **Cyclone:** mot utilisé dans la région de l'océan Indien pour décrire une tempête tropicale.

● **Érosion du sol:** usure progressive de la couche fertile à la surface du sol. Elle peut être provoquée par des vents puissants, par exemple, et des inondations importantes.

● **Course retour:** mouvement de l'éclair qui retourne au nuage d'où il vient. Ce que nous apercevons, en réalité, c'est la lumière brillante de l'éclair dans sa course retour.

● **Front:** ligne de démarcation d'une masse atmosphérique.

● **Hydro-électricité:** énergie électrique produite par l'énergie hydraulique (l'eau).

● **Masse atmosphérique:** zone d'air étendue ayant la même température.

● **Météorologiste:** scientifique qui étudie le temps.

● **Oeil:** nom donné à la zone calme, au centre d'un cyclone.

● **Ouragan:** mot utilisé dans la région des Caraïbes pour décrire une tempête tropicale.

● **Pluviomètre:** instrument qui sert à mesurer la quantité de pluie tombée dans une région.

● **Pression atmosphérique:** se dit de la force de la pression de l'air à la surface de la terre. L'intensité de la pression atmosphérique varie d'un endroit à l'autre et peut changer d'un jour à l'autre. Une pression atmosphérique à la hausse annonce du beau temps; une baisse de pression atmosphérique annonce habituellement du mauvais temps.

● **Radiosonde:** instrument transporté dans l'atmosphère par un ballon météorologique. Il transmet des informations sur la température, la pression atmosphérique et le degré d'humidité de l'air à des récepteurs terrestres.

● **Réservoir:** grand lac artificiel qui sert à emmagasiner l'eau avant de la traiter et de la distribuer aux maisons.

● **Thermomètre:** instrument servant à mesurer la température de l'air.

● **Tornade:** tourbillon de vent violent qui se forme au-dessus des terres. Elle ressemble à un nuage en forme d'entonnoir qui part de la base d'un cumulo-nimbus. Elle tournoie à une vitesse vertigineuse et provoque des dégâts considérables.

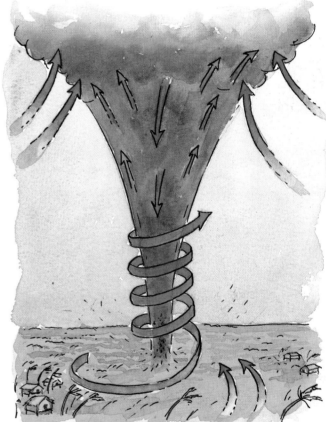

● **Tsunami:** nom donné à une énorme vague provoquée par une explosion volcanique sous-marine ou un tremblement de terre. Si un tsunami arrive sur la terre, il peut causer d'énormes dégâts.

● **Typhon:** nom utilisé dans la région des mers de Chine pour décrire une tempête tropicale.

TABLE ALPHABÉTIQUE